성공한사람 덕후의 온라인 사업구축 꿀팁 보따리

성공한사람덕후의 온라인 사업구축 꿀팁 보따리

발 행 | 2023년 07월 31일
저 자 | 성공한사람덕후
펴낸이 | 한건희
펴낸곳 | 주식회사 부크크
출판사등록 | 2014.07.15.(제2014-16호)
주 소 | 서울특별시 금천구 가산디지털1로 119 SK트윈타워 A동 305호
전 화 | 1670-8316
이메일 | info@bookk.co.kr

ISBN | 979-11-410-3783-3

www.bookk.co.kr

목차

1.

작년까지 서울에 1년간 살았습니다.

가장 믿었던 단 한 명의 언니는 늘 걱정하듯 말했습니다.

"넌 한심해. 넌 나이가 많아. 넌 늦었어. 네 인생은 망했어. 넌 지능이 낮아. 사업자등록증을 내면 네 인생은 망할 거야. 네 생각대로 살아가면 너는 망할 거야. 내 말대로 아무것도 하지마. 나는 널 아끼고 사랑하고 걱정해서 이런 말을 해주는 거야."

그래서 나도 그것을 믿었습니다.

그러나. 저는 몰래(굳이.?) 묵묵하게 사업, 마케팅 관련 책 500권 읽기, 사업구축 강의 듣기를 해나갔습니다.

200가지 이상의 크고 작은 아이템을 테스트해나갔습니다.

그냥 그것 말고는 제가 할 수 있는 게 없었으니까요.

그런데 어느 날 제가 다른 사람에게 3달간 1,000만 원씩을 만들어주고 있었습니다.

그리고 또 어느 날은 제 아이템으로 재료비, 월세, 전기요금을 제외하고 1,000만 원을 벌게 되는 달도 있었습니다.

"내 생각대로 살아가면 망할지도 몰라."라는 생각을 깨버리는 순간.

꿈처럼 약간 붕 떠 있는듯한 기분.

무에서 유를 , 0원에서 1,000만 원을 창조하는 것.

무엇보다… 내 자신이 믿고 있던 "나는 안 될 거다."라는 한계를 깨버렸다는 것에 심장이 뛰었습니다.

나는 알을 깨고 나아가고 있었습니다.

2.

3년 전, 처음 온라인 사업을 시작했을 때 만난
너무 좋은 동생이 있습니다.
최근 3년 만에 대화하게 되었습니다.
오랜만에 대화한 것인데도, 어색함이라고는 느껴지지 않더군요.

첫 판매가 일어나는 순간, 함께 박수쳤던 동생.
그땐 뭐가 그리도 할 말이 많았던지, 둘이서 새벽까지 열심히
대화하고, 구상하고, 꿈에 부풀고, 공동 프로젝트를 만들곤
했습니다.

그 친구가 이야기하는 3년 전의 저와 지금의 저는 똑같더군요.
사업과 마케팅을 너무 신나게 하는 나.
그저 조금 달라진 것은 지금은 저도 많이 배웠고, 많은 능력을
익혔다는 것입니다.

이런저런 마케팅 이야기를 하는 것을 듣다가 동생은 말했습니다.
"언니, 그냥 마케팅 사업을 해.
매출 부진을 돕고 매출에 부스터를 다는 일을 하는 거야."

이건. 내가 3년 전부터 꿈꾸던 일이었는데.

지금은 왠지 할 수 있을 것 같았습니다.
그래서 다음날, 실행력을 발휘하여
이틀만에 이 책을 완성하게 되었습니다.

이 길은 과연 제가 꿈꾸던 길이 맞을까요.?

판매
페이지

판매 페이지는 고객이 결제하고 서비스나 물건을 구매하는 최종 페이지를 말합니다. 쇼핑몰 비슷한 것으로 생각하면 편합니다.

판매 페이지 자체에서 결제하게 만들 수도 있습니다.

혹은 홈페이지 자체에 지도를 넣거나 전화번호를 넣어서 안심하게 하거나 방문하게 만들 수도 있습니다. (학원 같은 오프라인이거나, 전화 상담 후 결제가 필요할 경우)

대표적인 판매 페이지 종류로는 스마트 플레이스 (네이버 지도), 스마트스토어, 쿠팡, 지마켓, 옥션, 11번가, 크리에이터링크 홈페이지, 아임웹, 모두 홈페이지 등이 있습니다.

거의 바로 결제로 이어지는 만큼 후기, 추천사, 리뷰를 많이 쌓는 것이 굉장히 중요합니다. 또한 판매 페이지에는 아이템 소개부터 사진과 동영상, SNS 중 가장 보여 주고 싶은 부분을 강조해주시면 구매 비율이 높아지니 꼼꼼히 세팅해주세요.

스마트 플레이스

스마트 플레이스란?

네이버 스마트 플레이스는 네이버에 내 상호를 검색했을 때 지도에 나오는 부분을 말합니다. 파란 글씨로 "리뷰, 블로그 리뷰" 두 가지가 나옵니다.

사진

아이템이 정말 좋고 커피라고 하면 맛도 좋은데, 예쁘고 좋다는 것을 잘 나타낼만한 사진이 없고, 해당 지역 카페 검색해도 내 카페가 나오지 않는다면. 너무 아쉬운 일입니다. 스마트 플레이스에는 소개 사진, 매장이 있다면 내부 사진과 메뉴판 등을 올려주세요.

동영상

스마트 플레이스 첫 화면에는 동영상도 넣을 수 있습니다. 소식 탭에서 동영상을 올리시고 공지 사항으로 설정하시면 스마트 플레이스 첫 화면에 동영상과 음악이 나오게 됩니다.

SNS 연동

블로그, 유튜브, 인스타그램 연동. 실은 저도 중요하게 생각하지는 않았던 부분입니다. 하지만 사람들이 이곳을 많이 클릭해서 보러오더라고요. 이왕이면 가장 자신 있는 플랫폼을 꼭 연결해주시기 바랍니다.

태그

내가 상위노출 하고 싶은 키워드를 선택해 주세요. 다만 너무 경쟁이 센 키워드, 검색량이 많은 키워드보다는 검색량이 적은 키워드 중 구매를 일으킬만한 키워드를 추천해 드립니다. 또한, 경쟁사들이 못 넣은 키워드 중에서 내가 상위노출 시킬만한 키워드를 선택하시는 것도 좋습니다. 블로그나 스마트스토어 상위노출과 로직이 비슷합니다.

설명란에 키워드 넣기

스마트 플레이스에 글을 쓸 수 있는 곳 마다 키워드를 최대한 많이 넣어주세요. 잘 모르겠으면 검색되고 싶은 키워드를 많이 넣어주세요. 메뉴 이름도 검색될만한 키워드를 넣어주세요. ex) 머랭 쿠키 x, 프레첼 머랭 쿠키

쿠폰

쿠폰은 큰 장점이 있습니다. 일단 관심이 있는 사람들은 받고 본다는 것입니다. 또한, 일단 쿠폰을 내려받고 보면, 네이버에서 여러 차례 알람을 보내줍니다. '쿠폰의 유효기간이 마무리되었습니다.

쿠폰을 꼭 사용하지 않더라도 언급을 여러 번 해주면 고객님이 나의 아이템에 익숙해질 것입니다. 익숙해지면 이후 다시 찾아올 가능성이 조금 더 커집니다. 또한 알림 받기, 저장 후 쿠폰을 제공하는 것이라서 내 스마트 플레이스의 순위가 올라가게 됩니다. (스마트 플레이스의 순위가 올라가면 '산격동 카페' 등에서 첫 페이지에 노출될 가능성이 커짐)
쿠폰 만들기 어렵지 않으니 도전하면 좋습니다.

네이버 예약.

 스마트 플레이스 내에 네이버 예약은 승인받기가 까다롭습니다. 하지만, 한번 세팅해두기만 하면 너무나 편합니다. 예약 전화, 문의 전화는 1/5로 줄어듭니다. 특히 밤늦게 전화나 문자로 문의받는 일은 거의 없어집니다. 결제하는 번거로움이 없어 마음이 편안합니다. 시간 조율하는 일이 줄어들게 되어 매출 증가 공부 등 다른 중요한 것에 집중할 수 있습니다. 반복적으로 설명해야 하는 부분도 예약 페이지에 적어두면 업무가 줄어들게 됩니다. 또한 이미 설득되고 가치를 느낀 고객만 결제하기 때문에 방문자분들도 만족도가 높아집니다.

 네이버 예약 손님 중 7~11시에 예약을 하는 손님이 많습니다. 예약 버튼이 없었다면 내일 전화할까 고민하다가 예약을 하지 않았을 수도 있습니다. 하지만 예약 버튼을 설정해두면 밤 12시에 예약을 해도 나는 상관이 없습니다. 자고 일어나서 예약확인 후 손님을 맞이하면 됩니다. 게다가 네이버에서도 네이버 예약이 있는 가게를 상위노출로 밀어주기까지 합니다. 상담을 하는 아이템이거나 주문을 받는 품목이 있다면 창의력을 발휘하여 네이버 예약을 꼭 사용해 보세요.

오픈마켓

스마트스토어

조금 어렵지만 배워두면 좋은 점이 많습니다. 전국구로 경쟁하는 레드오션 중의 레드오션이라 극악 난이도이지만, 꼭 레드오션에서 괴로워할 필요는 없습니다.

컨설팅, 강의, 오프라인 사업, 공간대여, 원데이 클래스 등 물건을 판매할 때 결제 페이지로서 유용합니다. 또한 오프라인 가게의 제품들을 네이버에 하나라도 더 노출할 수가 있습니다. 예를 들어 대구파티룸" 에서 스마트스토어 하는 사람이 없다면 내가 올리는 것만으로도 네이버 노출이 됨 (물론, 해당 키워드로 네이버 검색 시 스마트스토어 탭이 있을 경우)그리고 광고라도 돌리면 내가 올리면 1위 노출이 됩니다. 내 제품이 노출된다는 것은 경쟁자의 제품이 노출되지 않는다는 뜻이기에.

일단 노출된다고 다 판매되는 건 아니지만, 하나라도 더 많이 노출시킨다는 의미에서 좋은 길목에서 장사하는 것과 같습니다.

쿠팡

거의 공산품 판매에 가장 많이 사용됩니다. 싸고, 좋고, 경쟁자가 별로 없는 아이템을 판매하면 가장 좋습니다.

쿠팡은 의외로 광고 하는 법이 단순합니다.

쿠팡에서는 사람들이 리뷰를 잘 안 써줍니다. 그래서 리뷰 이벤트를 신경써서 100개만 쌓아도 스마트스토어 리뷰 1,000개 정도의 가치가 있습니다. 노출은 진짜 많이 해줘서 한번 세팅에만 성공하면 한동안은 돈 놓고 돈 먹기입니다. 쿠팡 자체에서 인스타 광고 등을 돌려주며 우리 제품을 봤던 사람에게 타겟팅 광고 (따라다니면서 광고해 주기) 기능까지 있어서 좋습니다.

하지만 판매가 일어나게 맞아떨어지게 하기까지가 쉽지 않습니다. 또한 제품군에 따라 어떤 건 잘 팔리고 어떤 것은 잘 안 팔립니다. 수수료도 높습니다. 할인판매를 하면 노출을 늘려준다고 하며 할인판매를 유도합니다. 쿠팡이 맞다면 정말 좋은 플랫폼이라고 보시면 됩니다.

농라

과일 판매를 할 수 있는 곳입니다. 농장주 뿐만 아니라 위탁판매업자들도 진입 가능합니다. 요새는 경쟁이 세져서 어렵긴 하지만 골수팬 층이 있습니다. 단골 판매가 가능합니다.

농라마트

디저트, 옷 등 다른 것들 판매 가합니다. 농라에서 파생된 카페라 단골 회원들이 많습니다. 스마트스토어와 비슷합니다.

네이버 밴드

과일 판매, 공산품 판매 등 원하는 밴드에 가입해서 유료 판매하면 가능합니다. 일단 선불이라 효과 없으면 본인 책임입니다. 제가 과일 판매 했던 곳은 두 달에 20만 원을 내야 했습니다. 딱 본전만 건졌던 것 같습니다.

홈페이지 만들기

크리에이터링크

 너무나 쉽고, 예쁩니다. 음악까지 넣을 수 있습니다. 색칠놀이 하듯이 원하는 동영상, 사진, 링크를 넣고 템플릿에 미리캔버스마냥 간단하게 만들 수 있습니다. 심지어 고객이 문의 사항을 넣으면 이메일로 받아볼 수도 있습니다. 결제 페이지도 설정할 수 있습니다. 다만, 단점은 노출입니다. 구글 노출은 되는데 네이버 노출 연동이 안 됩니다. 파워링크 등 광고를 하거나, 인스타그램 프로필에 걸어서 외부에서 사람들을 끌어올 수 있다면 유용합니다.

아임웹

 결제 페이지가 잘 되어있습니다. pdf도 자동화로 판매 가능하다고 합니다. 저도 해보지는 않았지만 언젠가 해보려 합니다. 또한 내가 설정한 키워드로 네이버 노출 가능하다는 것이 큰 장점입니다. (물론, 대형 키워드는 어렵지만, 소형 키워드나 경쟁이 없는 키워드는 가능합니다) 다만, 크리에이터링크보다 조금 더 어렵고, 덜 예쁩니다.

네이버 모두 홈페이지

제목에 키워드를 넣어 네이버 상위노출 하기가 가장 쉽습니다. 또한 홈페이지 메뉴판, 스마트 스토어 연결, 인스타, 블로그, 유튜브 등 한눈에 사업체 구조를 설명해주고 볼 수 있게 해줍니다. 파워링크 광고로 노출할 수 있습니다.

무료 노출

판매 페이지를 만들고 나서는 유, 무료 노출을 시켜서 판매 페이지로 들어오게 해야 합니다. 예를 들면 "용산구 맛집"을 찾다가 블로그 검색을 하고 연결된 내 가게의 판매 페이지까지 들어올 수 있게 하는 것을 말합니다.

블로그

검색에서 가장 많이 보는 탭입니다.
잘만 사용하면 포스팅마다 판매 페이지로 활용도 가능합니다.

설득구조 (제목에 키워드, 사진 5장(사진마다 키워드 넣기 - 상위노출이 됩니다.), 동영상에 키워드 넣기(상위노출 경쟁이 적음), 포스팅도 길게 쓰기보다는 키워드가 많으면 좋음. 같이 보면 다른 후기들 넣기. 나의 아이템을 사면 좋은 이유 쭉 넣어주세요.)
다만, 블로그는 포스팅을 주기적으로 써주어야 하는 것이 단점입니다.

유튜브

유튜브는 영상 찍기가 어려울 것 같지만, 의외로 엄청 어렵지는 않습니다. 오히려 편집 기술보다는 휴대폰 카메라 성능이 좋으면 영상은 잘 나옵니다. 저는 동생에게 VLLO라는 유튜브 편집 앱을 30분 정도 배우고, 쭉 그대로 활용하고 있습니다.

저는 유튜브를 포트폴리오 같은 느낌으로 쓰고 있습니다.

유튜브는 제목에 키워드를 넣으면 네이버에서 노출이 됩니다. 경쟁이 적은 키워드를 유튜브 제목과 설명란에 넣어보세요.

유튜브 쇼츠

유튜브 쇼츠는 유튜브에서 보이는 세로로 긴 영상을 말합니다. 1분 미만의 짧은 영상들입니다.

유튜브 쇼츠는 조회수가 잘 나옵니다. 그래서 구독자 늘리기에 좋습니다. 다만, 쇼츠는 조회 수가 1천 회~5천 회가 나와도 매출로 이어지지는 않는 경우가 많았습니다. 아이템 종류에 따라 다를 수 있다고 생각합니다. 제가 오프라인 아이템을 시도해서 그런 것일지도 모릅니다.

유튜브 쇼츠도 제목에 #ㅁㅁㅁ 하고 원하는 키워드 넣으면 네이버에 노출이 됩니다. 그래서 네이버 노출로 활용하고 있습니다.

인스타그램

인스타그램은 노력만 있다면 팔로워를 늘릴 수 있습니다.
방법은 이렇습니다. 내가 다른 사람 먼저 팔로우하고 좋아요. 3개 정도 눌러주면 상대도 팔로우합니다. 그래서 팔로우를 늘리려고 마음을 먹으면 늘리는 것은 엄청 어렵지는 않습니다. 다만 교류 없는 계정 언팔(팔로우 취소)하기가 번거롭죠. 하여튼, 노력만 하면 내가 노출되기가 어렵지는 않은 곳입니다. 개인적으로는 누군가가 내 프로필에 방문했을 때 팔로워가 1천 명 정도는 있어 줘야 신뢰도가 있는 것 같습니다.

또한, 노출도 꽤 쉽습니다. 원하는 키워드를 선택하여 #ㅁㅁㅁ 해서 태그를 걸어주면 유명인이 아니더라도 "최신 글" 탭에 노출이 됩니다. 경쟁이 적은 키워드라면 꽤 오래 남아있기 때문에 노출에 유용합니다.

동영상을 올리면 "인스타 릴스"로 분류되어 노출이 됩니다. 유튜브 쇼츠와 비슷해서 사람들이 많이 보고 노출이 많이 됩니다.
노출을 늘리기에 좋음. 릴스가 흥미롭다면 인스타그램으로 들어오게 됩니다.

노출해서 사람들이 들어왔을 경우 프로필에서 설득하거나, 프로필에 있는 링크를 클릭하게 하거나 (혜택이나 갖고 싶은 차별성 등으로) 해서 고객을 판매 페이지로 이어지게 하면 됩니다.

네이버 TV

네이버 TV에 가입하고 동영상을 키워드와 함께 올려주면 됩니다. 네이버 TV는 경쟁이 적어서 올리면 동영상 탭에 노출이 잘 됩니다. 경쟁이 거의 없다시피 해서 노출을 시키면 됩니다.

틱톡

정말 아무거나 올려도 조회 수가 잘 나옵니다. (?). 다만, 정말 대부분 구매력이 없는 층이라서 노출 정도에서 만족한다고 보면 됩니다. 이왕 영상 하나 만들었다면 하나라도 더 노출하면 좋으니까 올린다. 하는 느낌으로 올리고 있습니다.

책 쓰기

전문성을 강조하고, 상위노출을 할 수 있습니다.

 yes 24, 교보문고, 쿠팡 등. 경쟁이 거의 없습니다. 내가 전문분야를 갖고 있다면 정말 유리합니다. 자기소개할 때도 책으로 소개해도 됩니다.

 책을 쓰면 기본 판매하고 있는 아이템에 전문성을 부여합니다. 저는 디저트를 판매하고 있습니다. 그래서 디저트 관련 책을 어렵지 않게 냈습니다. 이때 전문성이 부여되기도 합니다. 매장 안에 비치해두어도 좋죠. 체형교정 하는 센터에 가본 적이 있었습니다. 강사마다 책을 써서 비치해놓으셨더라고요. 체형교정 사진 위주의 책이고 부크크 출판이었기 때문에 사진만 40장 정도 찍으시면 50p의 최소 기준을 쉽게 충족시킬 수 있습니다. 또한 내가 뭔가를 교육하는 기본적인 부분을 책에 담거나 아이템이라면 후기 등을 책에 담을 수도 있습니다. 퍼스널 브랜딩을 해야 하는 인플루언서나 강사 등은 말할 것도 없겠죠.

 TIP. 책 쓰기에 관심이 있다면 무료 전자책을 신청해보세요.
https://forms.gle/jsxMs7UTFEHamzon6

판매 페이지 상위노출

판매 페이지 상위노출을 해두면 무료로 노출이 많이 된다고 생각하시면 됩니다. 또한, 이때 유료 광고 노출도 함께 하면 순위가 조금 더 천천히 떨어지거나 순위를 유지할 수 있습니다.

예를 들면 내가 서울 영어학원을 운영하고 있다고 한다면. "서울 영어학원"이라는 키워드에서 1등 노출이 되어 학생이 물밀듯이 들어오는 것이지요.

스마트 플레이스, 스마트스토어, 쿠팡, 홈페이지 (크리에이터링크, 아임웹, 모두)는 판매 페이지 자체 상위노출을 할 수 있습니다.

모든 것을 자세히 알 필요는 없지만, 많이 판매되어 해당 플랫폼에 수수료를 많이 준다면 상위노출이 된다고 보시면 됩니다.

유료 노출

유료 노출은 마음먹기가 쉽지 않습니다. 왜냐하면 실패할 때마다 돈을 1만 원~100만 원까지도 쓰기 때문입니다. 하지만 이 돈이 데이터를 얻기 위한 투자라고 생각하셔야 합니다. 돈을 투자해서 시간을 줄인다는 발상의 전환이 필요합니다. 솔직히 이 생각의 전환이 쉽지 않습니다. 이 부분을 깨시면 사업의 시작이라고 생각합니다.

돈을 넣는다고 무조건 판매되는 것은 아닙니다. 노출을 시키고, 클릭하고 구매하도록 설득하는 것은 내 능력 보유 여부에 의한 것입니다.

혹시 광고비를 쓰셨다가 돈만 몇십만 원 날린 적이 있다면, 아직 초보자라서 그럴 겁니다. (제 얘기입니다.?)

소액으로 차근차근 다져나가면서 설득이 잘되면 광고비를 높이면 됩니다. 노출되는 것은 아니고, 많이 노출할수록 더 비싸지는 구조입니다. 만약 광고에 사람들이 관심을 많이 가진다면 광고 금액이 더 저렴해집니다.

유료 노출 부분은 초보자분들께서는 어려우면 패스하셔도 됩니다. 하지만 괴롭고 어려운 마음은 모두가 같을 것입니다. 내가 시도하면 유리하다는 뜻입니다.

파워링크

https://www.youtube.com/watch?v=6MjtUP-mstg&t=661s

저는 언크님의 유료 전자책을 보고 마케팅을 많이 배웠는데요, 이 영상을 보고 파워링크 세팅을 했습니다. 스마트 플레이스, 아임웹 홈페이지, 모두 홈페이지, 블로그, 스마트 플레이스를 파워링크로 노출할 수 있습니다. 10,000개 정도의 초소형 키워드를 깔아두시고, 순위는 1~2위에 노출해 주시면 됩니다. 너무 비싼 키워드의 경우 500원 이하로 설정해주세요. 10,000개라고 하면 놀라실 수도 있습니다. 하지만 사실 어차피 모든 키워드에 클릭이 일어나는 것이 아니라서 깔아두기로 눈에 익도록 만들어주는 역할이라고 보시면 됩니다.

쇼핑 검색광고

스마트스토어를 노출할 수 있습니다. 경쟁이 별로 없으면 은근히 노출 비가 저렴합니다. 클릭당 50원 정도로 저렴합니다.

스마트 플레이스 광고

광고 방법은 굉장히 단순하고, 비싸고, 투입되는 돈 대비 효율이 뚝 어집니다. 제가 사는 곳은 지방인데도 클릭당 1,000~2,000원 선이 기본입니다.

다만, 검색했을 때 스마트 플레이스 탭에서 한 자리를 차지할 수 있다. 이 정도의 의미라고 보시면 됩니다.

제가 해본 결과 추천해 드리지는 않습니다.

블로그 체험단

업종에 따라 다르기는 하지만 웬만하면 강력하게 추천해 드립니다.

우리 지역에서 손꼽히게 유명한 카페 사장님과 대화할 기회가 있었습니다. 제 가게에 오시는 분 중 2/3 이상이 다 그 카페를 알고 계셨을 정도로 유명했어요. 그 카페에는 영수증 리뷰가 2,000개, 블로그 리뷰가 1,000개가 넘으셨는데, 대화하며 알게된 것은 전부 체험단으로 구한 것이라고 하셨습니다.

24세에 분식집 창업해서 2호점을 내시고, 하루 리뷰가 수십 개씩 달리고, 이후에는 배달비가 6,000원임에도 주문이 쇄도했던 분식집 사장님께서도, 초반에는 리뷰를 달기 위해 배달비를 무료로 설정하고 리뷰개수를 늘리는 것에 집중했다고 합니다.

블로그 체험단은 노출을 늘려줍니다. 체험단 포스팅 자체에서 키워드 유입이 되어서 저희 매장으로 찾아오기도 합니다. 또한 스마트 플레이스 리뷰 개수 자체를 합법적으로 늘려줍니다.

블로그 체험단을 일종의 상세페이지라고 생각하시면 됩니다. 요새는 고객님들도 블로그 체험단이라는 것을 어느 정도는 다 알고 계십니다. 하지만 이 가게의 실제 모습과 메뉴 사진 등의 정보를 더 자세히 보기 위해 들어오기도 합니다.

TIP. 블로그 체험단 구하는 법 체험단을 크몽에서 구하시면 1인당 5,000 ~ 30,000원 정도에 구하실 수 있습니다. 돈을 투자하고 시간을 아끼는 것이지요. 고객을 유입시켰을 때 고객을 충분히 설득할 수 있다면 이 정도 금액의 투자는 현명할 수 있다고 생각합니다.

하지만 저는 제가 직접 블로거를 섭외했습니다. 50명 정도의 블로거에게 제품을 제공해 드리는 조건으로 직접 블로거를 섭외했습니다. 일단, 신뢰도를 위해 저희 가게 블로그를 개설했습니다. 이후 우리 지역에 주변 가게에 블로그 후기를 써 주신 분들을 검색하여, 일일이 댓글을 달았습니다. N 만 원 상당의 제품 무료 제공하는데, 블로그 방문 의사 있냐고요. 중개자가 없다 보니 제품만 받고 글을 써주지 않는 경우가 생겼습니다. 그래서 나중에는 네이버 카페로 안내하여 3만 원의 보증금을 받고 진행했습니다. 저는 가짜 리뷰에 있어서는..어뷰징으로 정지당할 수 있어서 조심스럽다고 생각합니다. 하지만 블로그 체험단은 합법적으로 리뷰를 만들어낼 수 있습니다. "제품을 무상으로 받고 적은 글입니다"를 명시하시면 됩니다.

인스타그램 체험단

유입시키기에 굉장히 좋은 수단이라고 생각합니다. 사진 위주의 공간이고, 시각적인 부분이 아무래도 강하기 때문입니다. 다만, 개인적인 의견으로는 블로그 체험단이 조금 더 좋다고 생각합니다. 키워드 검색했을 시 해당 키워드에 몇 개월 정도는 쭉 남기 때문입니다. 반면 인스타그램 체험단은 일회성인 느낌이 강합니다. 물론 카페 이름을 태그하게 되면 카페 태그 개수가 늘어나긴 하지만, 이건 사장님이 인스타 운영하시면서 카페 태그 하셔도 되는 부분이라서요. 실제로 인스타그램 팔로워 1만 명의 인플루언서분께서 저희 가게 후기를 올려주셨는데, 구매로 이어진 고객은 1명이었습니다. (추적을 위해 그분의 인스타를 보고 오면 할인 쿠폰을 제공하는 형태로 체크했습니다.)

그래서 똑같이 제품을 제공하는 상황에서 이왕이면 블로그 체험단이 낫다고 개인적으로 생각합니다. (또한 일부 블로거분들은 인스타그램이나 스토리도 무료로 올려주시기도 합니다) 상황에 따라 다를 수 있을 것입니다. 인스타 체험단도 테스트해보시고 효과 있는 것으로 활용하셔도 됩니다.

인스타 광고 세팅

 사업자 인스타로 변경해서 광고를 진행할 수 있습니다. 평범하게 글을 쓰듯 쓰거나 1분 미만의 릴스를 올리고 광고하기를 클릭해 주시면 됩니다.

사람들이 들어오기를 원하는 링크를 설정해서 (스마트 플레이스 나 스마트스토어 등 결제 페이지나 무료 전자책 등), 광고하기에 링크를 설정 가능합니다.

 그리고서 인구 분포 중에서 "대한민국""서울""대구" 등 내가 원 하는 곳을 설정합니다. 사람들의 관심사도 엄청 많이 설정 가능하 니 먹을 거 관련이라면 "한식""중식""일식" 이런 식을, 마케팅 관 련이라면 "온라인마케팅""사업" 이런 식으로 20개나 그 이상 설 정해주면 됩니다.

 그리고 다양한 광고를 여러 차례 시도해 보면서 내가 투입한 광 고비보다 순수익이 많이 남으면 꾸준히 내버려 두시면 됩니다.

 효과가 좋으면 그때부터 금액을 늘리면 됩니다. 10,000원 투자 해서 10만 원이 나온다면 10만 원 투자하는 것이지요. 그렇게 내가 업무량을 감당할 수 없는 정도까지 늘려주시면 됩니다.

분류

난이도

마케팅 효과가 괜찮은 것 중에서 난이도가 가장 쉬운 것은 인스타그램인 것 같습니다. 꾸준히만 하고, 열심히만 하고, 사진 예쁘게 찍으면 됩니다. 다만, 업종에 따라서 잘 안 되기도 하죠.

또한 블로그도 어느 정도 감을 잡으면 그때부터는 쉬워지는 것 같습니다.

그다음으로는 스마트스토어, 쿠팡 등이 어렵습니다.

판매 페이지 만들기는 만들기 자체는 쉬운 편입니다. 다만 "판매를 일으키기"는 어렵습니다. 노출 자체가 쉽지 않기 때문입니다. 그리고 노출을 시키고, 판매 페이지로 데려와도 누군가가 살 만한 상품을 세팅해두기가 쉽지 않기 때문입니다.

개인적으로 유료 광고가 가장 고통스럽고 어려운 것 같습니다. 시행착오는 필수적인데 시행착오 때마다 돈이 들어가니 마음이 찢어집니다. 저는 이때 유튜브에서 본 언크님의 말을 되새기려 합니다. "1년간 하루 1개씩 팔며 데이터를 모으며 돈 낭비를 하지 않았다고 생각하는 경우가 많다. 하지만, 1년이라는 시간을 시급으로만 생각해도, 연봉으로 2,000만 원이 넘을 것이다. 광고비

- 33 -

100만 원 아끼려다 시간과 돈을 다 잃는다고 볼 수 있다" (정확한 대사는 아님) 광고비에 쓰는 돈을 아까워하지 말아야 합니다. 다만, 광고할 때마다 소액으로 하고, 데이터를 모으고, "개선"을 해야 합니다. 소액으로 테스트해보시고, 광고비 대비 수익이 나는 광고 세팅을 사용하시면 됩니다

세팅 후 관리

한 번만 세팅해두면 내버려 두면 되는 부분들을 말씀드리겠습니다. 스마트 플레이스, 스마트스토어, 쿠팡, 지마켓, 옥션, 11번가, 롯데on, 농라, 네이버 밴드, 홈페이지 (크리에이터링크, 아임웹, 모두)한번 세팅해두면 됩니다. 블로그도 키워드 경쟁 없는데 세팅해놓으면 자기 혼자 유입이 됩니다. 파워링크, 쇼핑 검색광고, 스마트 플레이스 광고, 블로그 체험단, 인스타그램 체험단, 인스타그램 광고 세팅 등도 세팅을 해두고 내버려 두면 됩니다. 이 부분들은 매출이 떨어질 때 분석하거나, 매출을 더 올리고 싶을 때 세팅을 조금씩 손봐주는 정도로만 하면 됩니다.

꾸준히 포스팅 해야 하는 것들을 말씀드리겠습니다. 경쟁이 센 블로그 키워드 포스팅, 인스타, 유튜브입니다. 특히 인스타그램은 쉬운 만큼 매일 포스팅하고 태그 쓰기가 디지털 노가다(?) 수준이라고 볼 수 있습니다.

그 외
유용한 툴

키워드 찾고 적용하는 법

 네이버 광고 - 키워드 도구 - 키워드를 검색하셔서 검색량 100 이하를 찾아주세요. 그리고 네이버에 검색해서 2023년 글이 많은지 체크해보세요. 없는 것들을 찾아서 키워드로 세팅하시면 됩니다.

 다만, 키워드 고르기 너무 머리 아프시면, 그냥 노출 희망하는 키워드를 정하셔서 블로그, 유튜브, 네이버 TV, 인스타, 틱톡, 모두 홈페이지 등의 제목 등 올릴 수 있는 모든 곳에 원하는 키워드를 넣고 올려주세요.
그러면 경쟁이 적은 한두 군데에서는 노출이 됩니다.

 TIP. 유튜브에 "블로그 키워드 찾기" 검색해보면 많이 나옵니다. 클래스 101 김 팀장님 강의도 좋았습니다.

미리 캔버스

너무나 쉽고 유용합니다.
https://www.miricanvas.com/?NaPm=ct%3Dljvgshrj%7Cci%3Dch
eckout%7Ctr%3Dds%7Ctrx%3Dnull%7Chk%3D8d136b14f833
8ef54c50d814592243934387a230
어려우시면 유튜브에 "미리 캔버스 왕초보" 검색하셔서 제일 조회
수 많은 것 딱 하나만 듣고 실행해보세요.

영상 찍고 편집하기

영상 하나만 만들 줄 알면 유튜브, 블로그, 인스타, 네이버 TV,
틱톡, 스마트 플레이스, 모두 홈페이지 전부 사용 가능합니다. 너
무나 유용하니 유튜브에 "VLLO 편집" 검색하셔서 조회 수 가장
높은 거 딱 하나만 보고 해보세요.

사진, 사진 보정

온라인은 사진이 거의 전부죠. 하지만 이 부분은 전문가의 영역이라고 생각합니다.

다만 아이폰 12 이상 +자연광이면 최고의 퀄리티가 나오는 것 같습니다. 아이폰 7을 썼을 때랑 차원이 다릅니다.

저는 아이폰12 mini를 중고로 40만 원 정도에 구매했는데, 그냥 찍어도 잘 나와서 그 이상의 값을 합니다. 아래 예시를 보면 이해되실 겁니다.

사업자등록증

사업자등록증
별것 없습니다.

그냥 세무서에 가서 신청서 쓰고, 주민등록증 드리면 됩니다. 꼭 사무실이 없어도 됩니다. 임대차계약서, 없어도 됩니다.
집 주소로 신청도 가능하고, 비상주 공유오피스 등 공유오피스를 빌려도 됩니다. 세무서에 전화해서 서류 물어보고 가면 정확합니다.

에스크로
에스크로(통신 안전 확인증)를 농협에서 처리해서 (통신판매업 신고증)을 구청에 내야 합니다.
1. 농협중앙회에서 서류를 받는다. (그냥 달라하면 줍니다.)
2. 집에 가서 인터넷에 등록합니다. (쉽다. 프로그램 3개 깔고 공인인증서 로그인해서 사업자번호랑 이름 치면 끝)
3. 다시 농협 중앙회로 갑니다.

통신판매업 신고증
통신판매업 신고증은 사업자등록증에 적힌 지역 담당구청에서 해야 합니다. (ex, 성북구 사무실이면 성북구청으로)
40,500원을 들고 가야 합니다. 하지만 까먹으면 고지서를 받아와서 나중에 내면 됩니다.
(tip :사업자등록증 -에스크로 -통신판매업 신고증 순으로 처리하면 된다)

마인드

전부 익힐 필요 없습니다.
최대한 힘을 빼고 하나하나 슬슬(?) 해보세요.

아이템 따라 다르고, 운 따라 다릅니다. 이때 내가 바보라서 안 되는구나. 하고 자책하지 않고 꾸준히 테스트하는 것이 중요합니다. 하나가 딱, 터질 때까지요.

예를 들면 쇼츠, 릴스 노출이 100만이 나와도 제품은 하나도 안 팔릴 수도 있습니다. (경험담) 반면 어떤 곳은 월 10번 클릭해도 구매가 일어나기도 합니다. 저는 과일 판매 블로그 일 방문자 수가 4~50명인데도 주 100만 원씩 매출이 일어났습니다. 디저트 블로그는 일 방문자가 늘 50명 이하지만 월 매출 400~1,000만 원 사이입니다.

어떤 플랫폼에서는 어떤 게 효과 있고, 다른 곳에서는 효과 없고 이렇기도 합니다.

하나씩 해보고 효과 있는 것만 걸러서 쓰면 됩니다. 어? 이거 투입 대비 효과 있네? 하는 것만 남겨두고 계속하면 됩니다.

제가 어떻게 운영하는지 알려드릴게요.

디저트 가게 원데이클래스 (월매출 200만)

판매 페이지 : 스마트 플레이스 (전화번호, 네이버 예약, 쿠폰, 영수증 리뷰, 블로그 체험단 리뷰가 있음)

효과 있었던 노출 : 인스타그램, 파워링크 스마트플레이스 광고, 블로그 체험단

효과 없었던 노출 : 인스타그램 유료 광고, 네이버 블로그 포스팅, 유튜브, 쇼츠, 릴스, 틱톡

디저트 가게 강의 (월 매출 300~1,000만)

판매 페이지 : 블로그 포스팅 하나하나마다

효과 있었던 노출 : 모두 홈페이지 키워드 상위노출, 네이버 블로그 포스팅, 파워링크 광고, 유튜브

명상 수업 (역량에 대한 고민이 많아 중단)

판매 페이지 : 블로그 포스팅

효과 있었던 노출 : 블로그 포스팅

효과 없었던 노출 : 유튜브

과일 택배 판매 (최대 일 매출 100만)

판매 페이지 : 스마트스토어, 쿠팡, 크리에이터링크 홈페이지

효과 있었던 노출 : 유튜브, 블로그 포스팅, 쿠팡 광고, 스마트스

토어 쇼핑광고

안해본 것 : 인스타그램, 스마트 플레이스, 파워링크

과일 농장 체험 (최대 월 매출 400만)

판매 페이지 : 블로그 포스팅

효과 있었던 노출 : 일방문자 50명 이하 블로그 체험 후기 포스팅

파티룸 (비수기에 열어서 현재 적자)

판매 페이지 : 스마트 플레이스, 스페이스 클라우드

효과 있었던 노출 : 블로그 체험단, 인스타 그램(추정)

입시컨설팅 업체 (마케팅 파트너로 활동)

판매 페이지 : 블로그 포스팅

효과 있없던 노출 : 블로그 포스팅 (노출은 일방문 500~800까지도 갔으나, 직접적인 매출로 이어지지 않음), 모두 홈페이지 (문의는 자주 들어왔으나 매출로 이어지지 않음)

등. 이런 식으로 시도했었습니다.

업종마다 천차만별이죠.

영상 하나를 만들어서 모든 플랫폼에 사용

힘들이지 않고 하나 만들어서 전부 사용·캡처하기. 애초에 동영상 찍고 그것을 캡처해서 릴스, 틱톡, 유튜브
한 번씩 올리면 하나하나 다 하는 것보다는 부담이 덜합니다.

객단가

객단가 조정 부분에 대해 말씀드리겠습니다.

무조건 고가정책이 유리합니다. 소득수준이 높은 사람들에게 50만 원짜리 판매하는 노력이랑, 소득수준 낮은 사람들에게 10,000

원짜리 판매하는 노력이 비슷합니다. 그런데 광고비는 거의 비슷하거나, 조금 적은 정도입니다. 10,000원짜리는 클릭당 300원 정도라면 50만 원짜리는 클릭당 500~10,000원까지 다양하죠. 어차피 키워드 클릭당 비용이라서요.

그래서 가격은 고객이 구매할만한 마음이 드는 선에서 가장 비싸게 책정해주셔야 한다고 생각합니다. 예를 들어 아메리카노 1잔에 1,500원에 판매한다고 치면, 100잔이 나간다고 해도 하루에 15만 원의 매출을 내게 되는데요, 순수익으로 치면 10만 원도 내기 어렵겠죠.

하지만 만약 아메리카노 한 잔 7,000원이라는 가치입증에 성공할 수만 있다면, 비싸서 많이는 못 온다고 해도 50명이 오면 35만 원일 것입니다. 일은 덜 하는데 순수익은 15만 원이 느는 것이지요. 게다가 사이드 디저트로 객단가를 올린다면 또 오르겠죠. 사이드 디저트 가격도 덩달아 비싸게 판매할 수 있을 테니, 매출이 쉽게 올라갈 것입니다.

또 하나의 예시를 들어보겠습니다. 만약, 5만 원 레터링 케이크 한 품목만 10명에게 판다면요.? 일 매출이 50만 원일 겁니다. 케이크 시트 10개 만드시고, 아이싱 한 번에 다 하고, 데코 숙련되신 후 빠르게 한다면 하루 4시간도 안 쓰고 매출 50만 원입니다. 심지어 시트를 2일에 한 번 만든다고 하면. 3시간도 안 돼서 다 할 수도 있습니다.

물론 물론 극단적인 예시를 보여드린 것입니다. 하지만 가격이 높으면 높을수록 생각보다 더욱더 좋다는 것을 꼭 말씀드리고 싶었습니다. 마케팅 공부와 적용, 시행착오를 꾸준히 하다 보면 계속 배우게 되기도 합니다.

참고로 저는 객단가 230만 원 단체 주문을 받습니다. 3일 동안 다른 예약 안 받고, 단체 주문만 집중해서 일하고 하루 쉬고, 또 단체 주문받고 다른 예약 받지 않습니다. 이런 식으로 운영하는 시즌도 있습니다.

만약, 가격을 올리기가 고민이 된다면 객단가를 올리는 방식도 있습니다. ex) 커피 가격이 3,500원, 레어치즈케이크 4,000이라면 아메리카노 + 조각 케이크 = 6,000원 세트 아메리카노 2인 + 조각 케이크 = 9,000원 세트 이런 식으로 해서 객단가를 올릴 수 있도록 아이템 구성을 해주세요. 강의라면 고가 위주로 세팅하시고, 요식업이라면 재료비 비율이 있으므로 고가의 아이템이 더 더욱 필수라고 생각합니다.

유입 후 설득의 영역

 중요한 것이 있습니다. 노출, 유입만 해서는 매출이 늘지 않는다는 점입니다. 마치 카페 앞을 지나다니는 행인이 전부 우리 가게에 오는 것이 아닌 것과 비슷한 이치입니다.

 광고라는 것이 장점은 극대화하지만, 단점도 극대화하는 '연료'와 같다고 생각하시면 됩니다. 또한 내 아이템만의 장점, 차별점을 충분히 어필하지 않은 상태에서 가격만을 올리면 심지어 광고할수록 불만족한 고객이 반감을 품을 수도 있습니다.

 나의 아이템이 고객의 어떤 문제를 해결해주거나, 가치 대비 가격이 저렴하거나 등 이유가 있어야 합니다. 또한 경쟁상대가 없거나, 있다면 내 것이 더 싸거나, 더 좋거나 갖고 싶거나 해야 합니다. 유입된 고객들이 구매하러 오게 됩니다.

 그래서 지방이나 오프라인이 경쟁이 적어서 좋습니다. 스마트스토어는 전국구고 똑똑하고 난다긴다 하는 사람들이 많음.

 만족한 리뷰가 1,000개가 넘는 것 역시 그 이유 중 하나가 될 수 있습니다.

오프라인 가게 스마트 플레이스 영수증 리뷰 쌓기의 중요성
 이런 장면을 상상해보세요. 고객이 식사 후 커피가 마시고 싶기에 '산격동 카페'를 검색했습니다. 옆에 있는 ㅁㅁ 카페에서는 방문자 리뷰 50개, 블로그 리뷰 5개, 사진도 예쁜 간판 사진 정도

뿐입니다. 그런데 우리 카페에서는 반응 좋은 시그니쳐 커피 사진이 나온 방문자 리뷰 1,000개, 블로그 리뷰 1,000개 유리잔에 맺혀있는 물방울이 어마어마하게 시원해 보이는 커피 + 수제 디저트 포크로 먹는 동영상이 있습니다.

순간적으로 어떤 카페가 믿을만할까요? 고객님께서 시간과 돈을 낭비하지 않으려면 어떤 카페에 가고 싶을까요! 아마 우리 카페일 것입니다. 비슷해 보이는데 한 카페에서는 영수증 리뷰가 10개인데, 다른 카페에서는 사진과 만족한 영수증 리뷰가 1,000개 정도 된다면 한결 쉽게 방문을 결정하겠지요. 스마트스토어 하시는 분들은 가짜로 리뷰 쌓으려고 건당 5,000원~1만 원씩 돈을 쓰기도 합니다. 리뷰쌓기가 수익을 위한 투자라고 생각하시는 거죠. 그 정도로 리뷰라는 것은 중요합니다. (물론, 저는 가짜 리뷰는 추천 드리지 않습니다. 어뷰징은 네이버나 쿠팡에서 걸리기 쉽고, 요즘 고객은 똑똑하기 때문에 다 알아봅니다. 어뷰징에 돈과 에너지 쓰기보다, 하나하나 힘을 빼고 테스트해보고 효과 있는 거 찾는 게 낫다고 생각합니다.)

만약 오프라인 가게를 하신다고 가정해보겠습니다. 하루 고객이 10팀 온다면, 영수증 리뷰 이벤트로 80% 정도가 리뷰를 남기도록 안내해드려 보세요. 4달이면 1,000개 가까이 리뷰가 쌓일 것입니다. 1,000개면 평균치보다 훨씬 많습니다. 독보적입니다. 오신 분들이 모두 다 영수증 리뷰를 하고 싶으시도록 매력적인 이벤트를 제공해 보세요. 저 같은 경우는 5만 원 이상 구매 시 영수증 리뷰 해주시면 3,000원을 현금으로 돌려드리고 있습니다. 오시는 분의 90%가 영수증 리뷰 해주십니다. 다행히도 리뷰가 1,000개 이상 있는 카페는 대형카페를 제외하고 흔치 않습니다. 즉, 우리가 유입과 전환을 늘리기 위해 전략적으로 노려볼만한 부분입니다.

 TIP. 영수증 리뷰와 블로그 리뷰 1,000개 쌓기가 생각보다 금액이 부담되실 수도 있습니다. 찬찬히 체험단을 진행하시면서 반응을 보시고 계속할지 말지 고민해보세요. 단, 100개 정도는 쌓아보시고 결정하시기를 바랍니다. 100개를 쌓은 후 손님이 확실히 더 많더라고요.

광고 후기에 대한 거부감
 제품이 정말 좋다면, 광고의 장점인 "좋은 제품을 알린다."
광고로 정말 좋은 제품임을 나타낼 수 있으면 좋다.
"나 이거 필요했는데, 딱 맞아"하고 고마운 마음마저 들게 됩니다.

 하지만 광고로 진짜 별로인 제품이 나타난다?
어디서나 구할 수 있는데 가격이 매우 비싼 제품이 나왔다?
별론데 가격만 비싼 제품을 판매한다?
그러면 고객들이 거부감을 가지게 됩니다. 속을까 봐서요.

 그래서 제품을 잘 만들어야 하는 것 같습니다.

기대치

　기대감은 딱 구매가 일어날 정도로만 주시면 됩니다. 120% 정도로만요. 기대치를 너무 높게 잡으면 구매는 잘 일어납니다. 하지만 실 방문 후 실망하는 고객들이 생길 수 있기 때문입니다.

　오히려 너무 기대감을 주고 충족시키지 못하면 속았다는 생각에 고객은 화가 나기도 합니다. 고객으로서도 똑같은 돈을 주고 행복감이 줄어들게 됩니다.

　우리는 리뷰를 남겨야 하고, 재구매를 일으켜야 합니다. 그래서 고객이 방문했을 때 감탄을 할 수 있는 포인트가 있으면 좋습니다. 조금 아쉽게 했다가, 서프라이즈로 더 많은 가치를 제공하면 이 부분에서 도움이 됩니다.

2023년 기준이지만, 본질은 변하지 않는다.

이 글을 쓰는 시점은 2023년 07.09일입니다.
현재 시점에서는 쇼츠가 대세가 되고, 챗GPT가 나왔고, 인스타 릴스도 나오고, 인스타에서 쓰레드를 막 출시한 시점이네요.

앞으로 어떻게 온라인마케팅에 지각변동이 일어날지는 잘 모르 겠습니다. 다만, 큰 틀에서의 원리는 계속 적용되지 않을까 싶습 니다.

1. 판매 페이지를 만든다.
2. 유, 무료 노출을 해서 판매 페이지로 들어오게 한다.
3. 판매 페이지에서 설득해서 구매로 이어지게 한다.

바뀌는 것은 플랫폼일 것입니다.
하지만, 유, 무료 노출, 판매 페이지에 대한 개념을 갖고 있다면 충분히 응용할 수 있을 것입니다.

혹시 보시고 이해가 잘 안 가는 부분이 있다면
가능한 부분은 보충으로 올려드리겠습니다.
궁금하신 점은
네이버 카페나 메일로 답변 부탁드립니다.

온라인에 세팅하셔서 매출 향상 하시기를 응원 드립니다.
추가적인 생각 나는 사항은 네이버 카페에 올려둘 생각입니다.
https://cafe.naver.com/freemotion0201

단톡방 개설 예정이니
https://open.kakao.com/o/g2ZTtnuf
사업 세팅, 마케팅 관련 질문도 많이 올려주시고,
같이 재미있게 온라인 사업
구축해보았으면 좋겠습니다.

감사합니다.